la ORACIÓN EFICAZ

JA PÉREZ

LA ORACIÓN EFICAZ

Todos los derechos reservados en toda imagen y letra.
Copyright © 2023 por JA Pérez.

Nota de derechos

Todos los derechos reservados. Ninguna parte de este libro puede ser reproducida o transmitida en forma alguna ya sea por medios electrónicos, mecánicos, fotocopiados, grabados o en ninguna otra forma sin el expreso consentimiento escrito de la publicadora.

Nota sobre riesgos

La información contenida en este libro es distribuida "como está" y sin garantías. Ni el autor ni *Tisbita Publishing House* se hacen responsables en cuanto a daños causados por interpretaciones individuales privadas del contenido aquí expuesto.

Marcas registradas

La oración eficaz es un título propiedad de JA Pérez, publicado y distribuido por *Tisbita Publishing House*. Todas las otras marcas mencionadas son propiedad de sus respectivos dueños.

Excepto donde se indique, todos los textos bíblicos han sido extraidos de la versión Reina-Valera 1960. © 1960 Sociedades Bíblicas en América Latina; © renovado 1988 Sociedades Bíblicas Unidas. Reina-Valera 1960™ es una marca registrada de la American Bible Society.

Tisbita Publishing House

Puede encontrarnos en la red en: www.tisbita.com
Reportar errores de imprenta a errata@tisbita.com
Contactar al autor en: www.japerez.com

ISBN: 978-1-947193-47-5

tisbita

Printed in the U.S.A.

Y esta es la confianza que tenemos en él, que si pedimos alguna cosa conforme a su voluntad, él nos oye. 1 Juan 5:14

Uso de traducciones bíblicas

Citas bíblicas marcadas con las letras **RVR1960** provienen de la Reina Valera Revisada de 1960. Reina-Valera 1960 ® © Sociedades Bíblicas en América Latina, 1960. Renovado © Sociedades Bíblicas Unidas, 1988. Utilizado con permiso.

Las letras **NTV** indican La Santa Biblia, Nueva Traducción Viviente, © Tyndale House Foundation, 2010. Todos los derechos reservados.

NBLA indican la Nueva Biblia de las Américas™ NBLA™ Copyright © 2005 por The Lockman Foundation.

ESV The Holy Bible, English Standard Version. ESV® Text Edition: 2016. Copyright © 2001 by Crossway Bibles, a publishing ministry of Good News Publishers.

Donde no se indique la versión, especialmente si se cita un versículo dentro de párrafo, todos los textos bíblicos han sido extraídos de la versión Reina-Valera 1960 ® © Sociedades Bíblicas en América Latina, 1960. Renovado © Sociedades Bíblicas Unidas, 1988. Utilizado con permiso.

Usos gramaticales

En este libro, el uso de mayúsculas en algunas palabras o pronombres tiene el propósito de acentuar respeto, o universificar conceptos.

Siempre para referirme a Dios en tercera persona uso Él (con acento y en mayúscula la primera letra).
Para referirme a algo que pertenece a Dios uso Su (con mayúscula en la primera letra), sin embargo, al citar textos bíblicos, respeto cuando aparece con minúscula para no alterar la manera que lo usa cada versión.

De igual manera, respeto al citar la Reina Valera 1960 o la Reina Valera Antigua el uso de antiguas reglas ortográficas, como por ejemplo el acento en la é de éstos o éstas o el uso del punto y coma para terminar una oración y luego comenzar la otra línea con mayúscula.

Uso nosotros en lugar de vosotros porque escribo primordialmente para Latinoamérica, sin embargo cuando es parte de la traducción bíblica que estoy usando, por supuesto lo dejo intacto para no alterar las citas.

CONTENIDO

Introducción 5

PARTE I ¿Cómo orar?

1- ¿Cómo acercarnos al trono de la gracia bíblicamente? 11

2- Orando siempre al Padre 14

3- Hágase tu voluntad: Orando conforme al texto 17

4- La oración de fe y los tres jóvenes hebreos 19

5- Las disciplinas 22

PARTE II Orando doctrinalmente

6- Para gastar en vuestros deleites 33

7- La soberanía de Dios en la oración 36

8- Ruegos y Súplicas 39

9- No, o ahora no 41

PARTE III Oraciones específicas

10- Oración para salvación 46

11- Oración por milagros, señales y prodigios 48

12- Orando los unos por los otros 50

13- Ungir con aceite: Buenas y malas prácticas 52

14- La imposición de manos 57

15- Orar sin cesar 63

Notas 65

Recursos 67

Sobre el autor 82

INTRODUCCIÓN

En este libro y guía, vamos a estudiar todo lo que concierne a la oración.

La oración es clave para nuestra comunión con Dios, para crecer en intimidad con el Padre, entender Sus caminos, Su voluntad, Sus planes y conocerle de cerca.

No podemos entender el corazón de Dios sin la oración. Esta es la vía para detectar el pulso de Dios —Sus pensamientos específicos sobre Su trabajo en la tierra y con los seres humanos.

Aún, para el entendimiento de Su Palabra escrita, necesitamos la oración y para entender la guianza del Espíritu Santo —quien nos guía a toda verdad y nos enseña— necesitamos la oración.

Sin embargo, malas enseñanzas en cuanto a la oración han abundado en las iglesias, especialmente en nuestra América Latina.

Enseñanzas que promueven el consumismo, la acumulación de bienes temporales, poder, posición y fama han dañado mucho al pueblo de Dios. Entonces, en esta jornada, estudiaremos la oración bíblica pero también expondremos el error y las malas enseñanzas, de manera que podamos crecer sanamente y libres de contaminación.

Comenzamos.

PARTE I ¿CÓMO ORAR?

1
¿CÓMO ACERCARNOS AL TRONO DE LA GRACIA BÍBLICAMENTE?

Acerquémonos, pues, confiadamente al trono de la gracia, para alcanzar misericordia y hallar gracia para el oportuno socorro. Hebreos 4:16 RVR1960

El escritor de Hebreos nos dice que al venir ante la presencia de Dios (al trono de la gracia), lo hagamos «confiadamente». No con miedo o con incertidumbre, mucho menos dudando.

Pero pida con fe, no dudando nada; porque el que duda es semejante a la onda del mar, que es arrastrada por el viento y echada de una parte a otra. Santiago 1:6 RVR1960

Luego dice que ese trono es de «gracia». No es el monte Sinaí donde los que se acercaban lo hacían con miedo y terror al enfrentarse a la presencia de Dios.

Porque no os habéis acercado al monte que se podía palpar, y que ardía en fuego, a la oscuridad, a las tinieblas y a la tempestad... Hebreos 12:18 RVR1960

Y volví y descendí del monte, el cual ardía en fuego, con las tablas del pacto en mis dos manos. Deuteronomio 9:15 RVR1960

¿Por qué miedo y terror?

Así fue entregado el primer pacto, el pacto de la ley, la cual fue dada a un pueblo desobediente, duro de corazón.

…conociendo esto, que la ley no fue dada para el justo, sino para los transgresores y desobedientes, para los impíos y pecadores, para los irreverentes y profanos, para los parricidas y matricidas, para los homicidas… 1 Timoteo 1:9 RVR1960

La Biblia llama a ese primer pacto «un ministerio de muerte».

Y si el ministerio de muerte grabado con letras en piedras fue con gloria, tanto que los hijos de Israel no pudieron fijar la vista en el rostro de Moisés a causa de la gloria de su rostro, la cual había de perecer… 2 Corintios 3:7 RVR1960

De hecho, cuando fue dada la ley, tres mil personas murieron en un día.

Y los hijos de Leví lo hicieron conforme al dicho de Moisés; y cayeron del pueblo en aquel día como tres mil hombres. Éxodo 32:28 RVR1960

Pero ahora, que estamos en un mejor pacto, establecido sobre mejores promesas (Hebreos 8:6), el cual es un pacto de gracia, tenemos acceso a la presencia de Dios en misericordia y vida.

Notemos el contraste.

Cuando el pacto de la ley fue entregado, tres mil personas murieron. Cuando el pacto de la gracia comienza, tres mil personas recibieron vida nueva en un instante —vivieron.

Así que, los que recibieron su palabra fueron bautizados; y se añadieron aquel día como tres mil personas. Hechos 2:41 RVR1960

Entonces, sabiendo que la ira de Dios ya fue vertida sobre Jesucristo, y que Dios no está enojado con nosotros... podemos venir ante el trono de Dios con cualquier necesidad, sabiendo que Él nos recibe y tiene misericordia con nosotros.

Cuando leemos el texto inicial en contexto, vemos que nuestro acceso al Padre es por que Él es misericordioso. Veamos el versículo anterior a nuestro texto base.

Porque no tenemos un sumo sacerdote que no pueda compadecerse de nuestras debilidades, sino uno que fue tentado en todo según nuestra semejanza, pero sin pecado. Hebreos 4:15 RVR1960

Entonces, con esa antesala es que entramos al texto con la promesa.

Acerquémonos, pues, confiadamente al trono de la gracia, para alcanzar misericordia y hallar gracia para el oportuno socorro. Hebreos 4:16 RVR1960

2

ORANDO SIEMPRE AL PADRE

El Señor nos dio un ejemplo de cómo orar. Es en la conocida oración del Padre Nuestro.

Aunque, el Padre Nuestro, hoy se sigue rezando en muchas iglesias, debo decir que este fue un modelo de oración que Jesús enseñó a Sus discípulos en los días de Su carne. Antes de ir a la cruz y establecer Su reino.

No podemos continuar diciendo «venga tu reino» porque Su reino ya vino. Ahora ya estamos en el reino.

Pero si yo por el Espíritu de Dios echo fuera los demonios, ciertamente ha llegado a vosotros el reino de Dios. Mateo 12:28 RVR1960

De cierto os digo que hay algunos de los que están aquí, que no gustarán la muerte, hasta que hayan visto al Hijo del Hombre viniendo en su reino. Mateo 16:28 RVR1960

…el cual nos ha librado de la potestad de las tinieblas, y trasladado al reino de su amado Hijo Colosenses 1:13 RVR1960

…y Jesús, llamado Justo; que son los únicos de la

circuncisión que me ayudan en el reino de Dios, y han sido para mí un consuelo. Colosenses 4:11 RVR1960

Sin embargo, la oración nos da un modelo de cómo venir ante el Padre.

Oramos al Padre

Mateo 6:5—9 RVR1960

5 Y cuando ores, no seas como los hipócritas; porque ellos aman el orar en pie en las sinagogas y en las esquinas de las calles, para ser vistos de los hombres; de cierto os digo que ya tienen su recompensa. 6 Mas tú, cuando ores, entra en tu aposento, y cerrada la puerta, ora a tu Padre que está en secreto; y tu Padre que ve en lo secreto te recompensará en público.

7 Y orando, no uséis vanas repeticiones, como los gentiles, que piensan que por su palabrería serán oídos. 8 No os hagáis, pues, semejantes a ellos; porque vuestro Padre sabe de qué cosas tenéis necesidad, antes que vosotros le pidáis. 9 Vosotros, pues, oraréis así: Padre nuestro que estás en los cielos...

Quiere decir que la oración siempre va dirigida al Padre.

He oído a ministros hacer oraciones al Espíritu Santo. Sin embargo, la Biblia no dice que oremos al Espíritu Santo, dice que oremos al Padre.

Otra cosa que el texto nos enseña es que todo lo que pidamos, lo hagamos en el nombre de Jesús.

Y todo lo que pidiereis al Padre en mi nombre, lo haré, para que el Padre sea glorificado en el Hijo. Si algo pidiereis en mi nombre, yo lo haré. Juan 14:13,14 RVR1960

Hasta ahora nada habéis pedido en mi nombre; pedid, y recibiréis, para que vuestro gozo sea cumplido. Juan 16:24 RVR1960

Y todo lo que hacéis, sea de palabra o de hecho, hacedlo todo en el nombre del Señor Jesús, dando gracias a Dios Padre por medio de él. Colosenses 3:17 RVR1960

3

HÁGASE TU VOLUNTAD

Orando conforme al texto

Otra vez, en el modelo de la oración del Padre Nuestro, vemos un principio importante y universal. Debemos orar conforme a Su voluntad. De esto hablaré más adelante cuando estudiemos sobre la Soberanía de Dios, pero por ahora, vamos a ver las instancias en que la Palabra de Dios nos enseña a orar, y de hecho a hacer todo conforme a Su voluntad.

Hágase tu voluntad, como en el cielo, así también en la tierra. Mateo 6:10 RVR1960

Aún Jesús, dijo no buscar Su voluntad, sino la voluntad del Padre.

No puedo yo hacer nada por mí mismo; según oigo, así juzgo; y mi juicio es justo, porque no busco mi voluntad, sino la voluntad del que me envió, la del Padre. Juan 5:30 RVR1960

Dios escucha a quien hace Su voluntad.

Y sabemos que Dios no oye a los pecadores; pero si alguno es temeroso de Dios, y hace su voluntad, a ese oye. Juan 9:31 RVR1960

Pablo ora que los Colosenses sean llenos del conocimiento de la voluntad de Dios.

Por lo cual también nosotros, desde el día que lo oímos, no cesamos de orar por vosotros, y de pedir que seáis llenos del conocimiento de su voluntad en toda sabiduría e inteligencia espiritual… Colosenses 1:9 RVR1960

Cuando pedimos conforme a Su voluntad, Él nos oye.

Y esta es la confianza que tenemos en él, que si pedimos alguna cosa conforme a su voluntad, él nos oye. 1 Juan 5:14 RVR1960

4

LA ORACIÓN DE FE Y LOS TRES JÓVENES HEBREOS

Una de las enseñanzas más erróneas que han penetrado a la iglesia hoy en día es esa que dice que si tienes fe todo te irá bien.

En otras palabras, si tienes fe, puedes evitar dolor, enfermedad, padecimientos, pruebas, etc...

Esto es una enseñanza errónea que se ha normalizado en una sociedad de consumo, donde el hombre es el centro de todo.

Este evento de los tres jóvenes hebreos nos entrega mucha verdad.

Leamos.

Daniel 3:8—18 RVR1960

8 Por esto en aquel tiempo algunos varones caldeos vinieron y acusaron maliciosamente a los judíos. 9 Hablaron y dijeron al rey Nabucodonosor: Rey, para siempre vive. 10 Tú, oh rey, has dado una ley que todo hombre, al oír el son de la bocina, de la flauta, del tamboril, del arpa, del salterio, de la zampoña y de todo instrumento de música, se postre y adore la estatua de oro; 11 y el que no se postre y adore, sea echado dentro de un horno de fuego ardiendo. 12 Hay unos varones judíos, los cuales pusiste sobre los negocios de la provincia de Babilonia: Sadrac, Mesac y Abed-nego; estos varones, oh rey, no te han respetado; no adoran tus dioses, ni adoran la estatua de oro que has levantado.

13 Entonces Nabucodonosor dijo con ira y con enojo que le trajesen a Sadrac, Mesac y Abed-nego. Al instante fueron traídos estos varones delante del rey. 14 Habló Nabucodonosor y les dijo: ¿Es verdad, Sadrac, Mesac y Abed-nego, que vosotros no honráis a mi dios, ni adoráis la estatua de oro que he levantado? 15 Ahora, pues, ¿estáis dispuestos para que al oír el son de la bocina, de la flauta, del tamboril, del arpa, del salterio, de la zampoña y de todo instrumento de música, os postréis y adoréis la estatua que he hecho? Porque si no la adorareis, en la misma hora seréis echados en medio de un horno de fuego ardiendo; ¿y qué dios será aquel que os libre de mis manos?

16 Sadrac, Mesac y Abed-nego respondieron al rey Nabucodonosor, diciendo: No es necesario que te respondamos sobre este asunto. 17 He aquí nuestro Dios a quien servimos puede librarnos del horno de fuego ardiendo; y de tu mano, oh rey, nos librará. 18 Y si no, sepas, oh rey, que no serviremos a tus dioses, ni tampoco adoraremos la estatua que has levantado.

Los tres jóvenes hebreos sabían que Dios es poderoso para librarlos del horno de fuego. Y de hecho, el resto de la historia nos indica que así fue. Sin embargo, la victoria de ellos no estaba en no ser echados al horno de fuego, o no ser librados.

La victoria de estos tres valientes consistía en que ellos estaban dispuestos a hacer la voluntad de Dios.

Hoy en día, la victoria se cuenta por evitar el dolor.

Si alguien sufre, dicen que es porque no tiene fe.

Pero fe no es para evitar el horno de fuego.

Fe es para saber que Dios está contigo aún dentro del horno de fuego.

Dios está contigo en medio de las pruebas, en medio de las angustias y en medio de las malas noticias.

Es posible que no te libre del dolor, pero debes estar seguro que en medio del dolor Su presencia será real, y su comunión aún mayor… y esto trae crecimiento.

5

LAS DISCIPLINAS

Oración, Ayuno, Lectura, Meditación y Solitud en el Nuevo Pacto.

La disciplina de la oración

Usted ha oído hablar de la oración como una obligación.

- Le dicen que tiene que orar para que Dios no se enoje.
- Como una especie de indulgencia.
- Una penitencia que usted hace para contener la ira de Dios.

Todo eso es religión. Ese no es el propósito de la oración.

El propósito de la oración es tener comunión con el Padre Celestial, y de esa comunión emana gozo y paz.

En esta vida agitada y llena de ansiedad, encontramos gozo y tranquilidad por medio de la oración.

> *Por nada estéis afanosos, sino sean conocidas vuestras peticiones delante de Dios en toda oración y ruego, con acción de gracias. Filipenses 4:6 RVR1960*

Esto es lo primero y lo más importante. Traerle nuestra ansiedad a Dios en oración. ¿Por qué?

Porque Él ha prometido que tendrá cuidado de nosotros.

> *...echando toda vuestra ansiedad sobre él, porque él tiene cuidado de vosotros. 1 Pedro 5:7 RVR1960*

Él ha prometido que tendrá cuidado de nosotros, entonces lo que está de nuestra parte es traer nuestra ansiedad a Él.

Pero no paremos ahí.

Hagamos de la oración una práctica continua, diaria, de manera que podamos permanecer en un ritmo de comunión con Dios.

La disciplina del ayuno

La disciplina del ayuno puede ser muy controversial. Esto mayormente porque existen dos extremos.

Por un lado están los que enseñan sobre el ayuno como un medio para conseguir cosas. Me encapricho en algo y me meto en ayuno hasta que Dios me lo de. Esto es como una especie de huelga de hambre. Una protesta. Y en algunos casos, por causa de la inmadurez del creyente, una perreta.

En este extremo vemos también el «duro trato del cuerpo» especialmente si se toma el ayuno como un sacrificio para conseguir el favor de Dios, la santificación, purificación, revelación, etc...

Y puede llegar a ser como una especie de penitencia, donde el que ha fallado entra en el ayuno para limpiarse, sin tomar en cuenta que el sacrificio perfecto de Cristo en la cruz ya es suficiente para cubrir y quitar todo pecado.

El otro extremo lo vemos de parte de quienes argumentan contra el ayuno, diciendo que es una obra muerta, un esfuerzo humano para añadir virtud a lo que ya tenemos por gracia. También el argumento de que es «duro trato del cuerpo» y no pertenece al nuevo pacto. Este otro extremo lo he visto dentro de grupos que dicen predicar gracia.

Ahora. Me considero un predicador de gracia y gran parte del ministerio que el Señor nos ha confiado está dedicado a enseñar todo lo que tiene que ver con el nuevo pacto.

Sin embargo, creo que podemos dejar de disfrutar los beneficios de esta antigua disciplina, que practicó Jesús y la iglesia primitiva y que interesantemente se practica en varias tradiciones, aún no cristianas.

De hecho, he leído sobre el ayuno intermitente que es una disciplina que practican personas fuera de la fe, y lo hacen por los beneficios dietéticos y de salud.

Entonces, veamos primero lo que no es el ayuno.

El ayuno no es una ordenanza

El bautismo y la mesa del Señor son ordenanzas instituidas como lo estudiamos en Eclesiología.[1]

Sin embargo, no hay un mandamiento que diga que tenemos

que ayunar.

El ayuno no exhibe más espiritualidad en quien lo practica

En las iglesias legalistas, los super-santos se jactan en público de cuanto ayunan. Algunos hasta compiten para ver quien puede ayunar más días. Esto es carnal. Apariencia de piedad.

Jesús dijo:

> *Cuando ayunéis, no seáis austeros, como los hipócritas; porque ellos demudan sus rostros para mostrar a los hombres que ayunan; de cierto os digo que ya tienen su recompensa. Mateo 6:16 RVR1960*

El ayuno no es un medio para conseguir cosas

Si fuese así, sería un tipo de indulgencia.[2] Algo que pagas para conseguir un favor.

Los beneficios del verdadero ayuno

La disciplina de ayunar te permite apartarte para estar un tiempo en oración y comunión con Dios.

La práctica de abstenerte de alimentos, hace que la atención esté en la oración, en satisfacer tu espíritu con alimento espiritual, por eso es que el ayuno debe ir acompañado de la oración y la lectura de la Palabra de Dios.

Y si se trata de apartarte para estar en comunión con Dios, entonces, la práctica de solitud puede ser clave para el ayuno efectivo.

Los creyentes primitivos ayunaban, especialmente para buscar la voluntad de Dios y ser dirigidos por el Espíritu Santo sobre un asunto.

Vemos que cuando la iglesia envía a Pablo y Bernabé lo hacen después de haber ayunado.

Ministrando estos al Señor, y ayunando, dijo el Espíritu Santo: Apartadme a Bernabé y a Saulo para la obra a que los he llamado. Entonces, habiendo ayunado y orado, les impusieron las manos y los despidieron. Hechos 13:2,3 RVR1960

La disciplina de la lectura que acompaña a la oración

Entre tanto que voy, ocúpate en la lectura, la exhortación y la enseñanza. 1 Timoteo 4:13 RVR1960

La lectura de la Palabra de Dios es importante para nuestro crecimiento espiritual. De hecho, la lectura y el estudio profundo de los textos sagrados son importantes para nuestro conocimiento de Dios y Su voluntad.

También la lectura combinada con la oración en solitud. Estas tres disciplinas juntas nos traen gozo, paz y crecimiento.

La disciplina de la meditación

La meditación bíblica. Lectura y oración en una práctica.

El autor y pastor Tim Keller defiende la oración con meditación entrecruzando teología, experiencia y oración. Keller dice: «La meditación bíblica significa primero pensar tu teología, trabajar en tu teología y orar tú teología». Continúa diciendo que si haces esas cosas, «tu teología se entrelazará con tu experiencia»[3].

La meditación cristiana no es como la disciplina de meditación trascendental que practican algunas religiones y filosofías del oriente.

La meditación (por ejemplo) en el budismo, consiste en vaciarse uno mismo de todo pensamiento. Ellos hacen énfasis en que el que medita se concentre en su respiración y evite todo pensamiento, lo más posible.

La meditación cristiana no hace énfasis en vaciarte y evitar pensamientos, por el contrario, consiste en pensar en el texto que hemos leído.

En mi experiencia, mucha inspiración para temas y mensajes bíblicos no me llega en el momento en que estoy leyendo. A veces, horas después de haber leído, cuanto estoy meditando sobre el texto, ahí me llega la inspiración y comienzo a tomar notas. A veces, meditando sobre un texto que había leído tiempo atrás, ahí llega la idea y comienzo a escribir.

Lo que quiero decir es que la disciplina de la meditación cristiana no vacía la mente, más bien la llena.

Es importante no forzar nada.

Cuando nuestros pensamientos están en Jesús, experimentamos Su paz, y en medio de esa paz recibimos inspiración.

> *Tú guardarás en completa paz a aquel cuyo pensamiento en ti persevera; porque en ti ha confiado. Isaías 26:3 RVR1960*

Entonces, meditación es esencial para todo aquél que quiere tener comunión con Dios.

> *»Este libro de la ley no se apartará de tu boca, sino que meditarás en él día y noche, para que cuides de hacer todo lo que en él está escrito. Porque entonces harás prosperar tu camino y tendrás éxito. Josué 1:8 NBLA*

Solitud

Quédate quieto, haz silencio, sólo sé. Espera.

> *Guarda silencio ante Jehová, y espera en él. Salmos 37:7 RVR1960*

Recuerda que las escrituras revelan a Jesús. En tu tiempo de oración y meditación en Su palabra, Jesús es el centro.

Mantén tu mente y pensamientos en Jesús. Él te guarda en completa paz cuando tu mente está en Él.

> *Tú guardarás en completa paz a aquel cuyo pensamiento en ti persevera; porque en ti ha confiado. Isaías 26:3 RVR1960*

Note que la práctica de solitud se enlaza a la oración y la lectura. Estas tres prácticas juntas, producen paz —la paz que sobrepasa todo entendimiento.

¿Cómo orar y meditar bíblicamente en solitud?

Comienza por la lectura meditativa

1- Encuentra un lugar tranquilo y cómodo para leer y orar, un lugar libre de interrupciones o distracciones. Tal como lo hizo Jesús cuando se retiró de las multitudes para orar (Marcos 1:35).

Mas tú, cuando ores, entra en tu aposento, y cerrada la puerta, ora a tu Padre que está en secreto; y tu Padre que ve en lo secreto te recompensará en público. Mateo 6:6 RVR1960

2- Elige el contenido, pasaje o capítulo de la Biblia donde estás estudiando y alimenta tu alma con la palabra que estás leyendo. Usa tu concordancia para encontrar versículos similares o que se relacionan. Aplica lo que lees preguntando: «¿Cómo aplica este texto a mi vida o situación?».

Escudriñad las Escrituras; porque a vosotros os parece que en ellas tenéis la vida eterna; y ellas son las que dan testimonio de mí... Juan 5:39 RVR1960

3- Léelo, piensa y reflexiona, despacio y con calma.

Estudia constantemente este libro de instrucción. Medita en él de día y de noche para asegurarte de obedecer todo lo que allí está escrito. Solamente entonces prosperarás y te irá bien en todo lo que hagas. Josué 1:8 NTV

Habla con Dios

4- Habla con Dios en tus propias palabras, sencillamente. No uses vanas repeticiones.

Y orando, no uséis vanas repeticiones... Mateo 6:7 RVR1960

5- Ora en el nombre de Jesús.

Y todo lo que pidiereis al Padre en mi nombre, lo haré, para que el Padre sea glorificado en el Hijo. Juan 14:13 RVR1960

6- Ora con humildad en el conocimiento de quién es Dios y quién eres tú.

Y cuando ores, no seas como los hipócritas; porque ellos aman el orar en pie en las sinagogas y en las esquinas de las calles, para ser vistos de los hombres... Mateo 6:5 RVR1960

7- Expresa en tu oración agradecimiento. Ora con acción de gracias.

Entrad por sus puertas con acción de gracias... Salmos 100:4 RVR1960

...en toda oración y ruego, con acción de gracias. Filipenses 4:6 RVR1960

8- Permite que lo que lees pase de la cabeza al corazón.

Al estar en quietud y solitud, tu espíritu puede asimilar lo que estás leyendo y en lo que estás meditando.

Mantén tu mente y pensamientos en Jesús. Él te guarda en completa paz cuando tu mente está en Él.

Tú guardarás en completa paz a aquel cuyo pensamiento en ti persevera; porque en ti ha confiado. Isaías 26:3 RVR1960

A medida que practicas la lectura y la oración en solitud, en tu diario vivir, notarás una transformación en tu vida. Su paz —que sobrepasa todo entendimiento te cubrirá más y más.

PARTE II
ORANDO DOCTRINALMENTE

6

PARA GASTAR EN VUESTROS DELEITES

Las corrientes de declarar, decretar y pactar

Pedís, y no recibís, porque pedís mal, para gastar en vuestros deleites. Santiago 4:3 RVR1960

Una de las corrientes modernas más dañinas es esta del llamado «evangelio de la prosperidad»[4], donde se les enseña a los creyentes a exigirle a Dios lo que ellos dicen les pertenece por derecho.

He escuchado a algunos aún decir que Dios está obligado a darles lo que ellos demandan, pues según ellos Dios está atado a lo que ya había prometido en Su Palabra.

El problema es que dichas promesas tienden a ser versículos sacados del contexto bíblico, mal aplicados y manipulados.

Para los que practican estas cosas —como el declarar, o decretar lo que ellos dicen que por fe van a recibir— Dios es simplemente un siervo, una máquina que dispensa regalos al antojo de ellos.

Como el genio de la lámpara de Aladino que al frotarla saldrá a cumplir sus deseos.

Peligros de este falso evangelio

1- Uno de los peligros de estas falsas doctrinas es que las personas que llegan nuevas, —atraídas por las promesas de cosas temporales y una mejor vida ahora— tienden a ser lastimadas cuando ven que las muchas promesas no se cumplen.

2- Otro peligro es que las iglesias se llenan de personas con intereses que no son bíblicos.

3- El mensaje del Domingo se convierte en una charla de superación personal, donde el centro de la atención es el hombre. En este falso evangelio Cristo no es exaltado.

4- El éxito se define como la acumulación de bienes temporales, admiración, influencia y aceptación de todos incluyendo el aplauso del mundo.

Para ellos Dios está a la disposición y orden de su antojos —lo cual es una burla a la sana enseñanza.

Jesús, jamás prometió que si le seguías las cosas te iban a ir mejor, que tendrías influencia, buena reputación, dinero y que todos tus problemas se van a resolver.

He escuchado a evangelistas hacer el llamado a salvación prometiendoles a los oyentes que si vienen a Cristo, Él va a resolver todos sus problemas.

Esto trae disolución, y las personas vienen a la iglesia con una falsa percepción de lo que es el evangelio.

A esto debo responder dos cosas:

1- Jesús jamás prometió una mejor vida ahora.

Él dijo que en el mundo tendríamos aflicción.

> *Estas cosas os he hablado para que en mí tengáis paz. En el mundo tendréis aflicción; pero confiad, yo he vencido al mundo. Juan 16:33 RVR1960*

Pablo le dice a Timoteo lo que el creyente debe esperar cuando vive piadosamente en Cristo.

> *Y también todos los que quieren vivir piadosamente en Cristo Jesús padecerán persecución… 2 Timoteo 3:12 RVR1960*

2- Dios es Soberano. Él es quien está en control de todas las cosas, incluyendo a Sus criaturas.

Nosotros no tenemos ni el derecho ni el poder para exigir nada de parte de Dios. Todo lo que recibimos de Él es por misericordia.

A esto dedicaré el próximo capítulo.

7

LA SOBERANÍA DE DIOS EN LA ORACIÓN

Dios está en control de todas las cosas. Así es también en la oración.

Dios responde las oraciones cuando Él quiere y como Él quiere. A veces no te da lo que quieres pero sí lo que necesitas.

Dios es soberano en todo lo que gobierna

Es Dios quien determina Su propio plan.

> *El Señor ha hecho de los cielos su trono; desde allí gobierna todo. Salmos 103:19 NTV*

Mire lo que dice Daniel:

Todos los hombres de la tierra no son nada comparados con él.

Él hace lo que quiere entre los ángeles del cielo y entre la gente de la tierra.

> *Nadie puede detenerlo ni decirle: "¿Por qué haces estas cosas?". Daniel 4:35 NTV*

¿Por qué es importante conocer sobre la soberanía de Dios?

¿Cómo nos afecta esto?

1- Me da confianza.

Cuando creo en la soberanía de Dios, esto significa que puedo confiar en Él.

Él ha resuelto nuestro problema más grande, «el pecado».

Como creyentes sabemos que el mismo Dios que creó todas las cosas, es quien gobierna el universo. Él es un Padre compasivo, que nos ama. Quien por medio de Cristo nos ha perdonado, nos ha hecho aceptos, adoptados como hijos, y un día nos recibirá en Su gloriosa presencia.

Podemos confiar en Él de manera que no tengamos dudas de que Él nos proveerá todo lo necesario para nuestro bienestar tanto espiritual como emocional, y hará que aun nuestros sufrimientos tengan propósito.

Nuestro Dios todopoderoso, hace todo este bien a favor nuestro porque nos ama.

2- Puedo crecer en paciencia.

La doctrina de la providencia, también significa que podemos ser pacientes en medio de las pruebas. Al saber que todo obra para bien, entonces podemos esperar sabiendo que el final siempre será el mejor.

3- Puedo caminar en gratitud.

Podemos estar agradecidos, cualquiera que sea la circunstancia por la que estemos atravesando. Aunque no entendamos los motivos o detalles de cada circunstancia, podemos estar confiados de que Dios sabe y está obrando en nuestras vidas.

Podemos practicar lo que dice Pablo a los Tesalonicenses:

> *Sean agradecidos en toda circunstancia, pues esta es la voluntad de Dios para ustedes, los que pertenecen a Cristo Jesús. 1 Tesalonicenses 5:18 NTV*

4- Puedo tener esperanza.

En cuanto a lo que tiene que ver con el futuro, la doctrina de la providencia me dice que se puede tener esperanza. Nunca seré separado de Su amor.

> *¿Quién nos separará del amor de Cristo? ¿Tribulación, o angustia, o persecución, o hambre, o desnudez, o peligro, o espada? Romanos 8:35 RVR1960*

Se puede tener esperanza de que el futuro está en Sus manos. Esperanza de vida eterna.

> *...para que justificados por su gracia, viniésemos a ser herederos conforme a la esperanza de la vida eterna. Tito 3:7 RVR1960*

8

RUEGOS Y SÚPLICAS

Nuestra oración no es una demanda. Es un ruego.

Jesús le rogó y suplicó al Padre.

> *Y Cristo, en los días de su carne, ofreciendo ruegos y súplicas con gran clamor y lágrimas al que le podía librar de la muerte, fue oído a causa de su temor reverente. Hebreos 5:7 RVR1960*

Si Cristo, siendo Dios, cuando se comunicaba con el Padre lo hacía con ruegos y súplicas, sin exigir nada… cuanto menos nosotros tenemos derecho de exigir.

No amados. Cuando venimos delante de Dios lo tenemos que hacer «con temor reverente» como Jesús. Porque estamos comunicándonos con el Creador del universo, el Dios que nos formó, que por misericordia nos ha dado vida y nos sostiene por amor.

Pablo menciona la oración de las verdaderas viudas en su primera carta a Timoteo y esto es lo que dice:

> *Mas la que en verdad es viuda y ha quedado sola, espera en Dios, y es diligente en súplicas y oraciones*

noche y día. 1 Timoteo 5:5 RVR1960

Oración y ruego en el día en que estamos ansiosos.

Por nada estéis afanosos, sino sean conocidas vuestras peticiones delante de Dios en toda oración y ruego, con acción de gracias. Filipenses 4:6 RVR1960

La palabra «afanosos» es traducida como «ansiosos» en la ESV (English Standard Version).

…do not be anxious about anything, but in everything by prayer and supplication with thanksgiving let your requests be made known to God. Philippians 4:6 ESV

9

NO, O AHORA NO

Hay cosas por las cuales oramos y que queremos hacer, aún en el ministerio, y Dios no nos lo concede. Si esperamos suficiente tiempo, nos daremos cuenta que Dios siempre tiene un plan mejor.

Ahora, después de décadas en el ministerio (por la gracia de Dios) me he dado cuenta que algunas oraciones que hice hace años atrás no eran muy sabias. De hecho, me alegro que Dios no me las concediera en ese entonces. Él tenía un plan mejor.

Pablo fue estorbado para no ir a los Romanos

Pero no quiero, hermanos, que ignoréis que muchas veces me he propuesto ir a vosotros (pero hasta ahora he sido estorbado), para tener también entre vosotros algún fruto, como entre los demás gentiles. Romanos 1:13 RVR1960

A Pablo, el Espíritu Santo no le permitió ir a Asia, y luego vemos que Dios tenía un plan mejor.

Hechos 16:6—10 RVR1960

6 Y atravesando Frigia y la provincia de Galacia, les fue prohibido por el Espíritu Santo hablar la palabra en Asia;

7 y cuando llegaron a Misia, intentaron ir a Bitinia, pero el Espíritu no se lo permitió. 8 Y pasando junto a Misia, descendieron a Troas. 9 Y se le mostró a Pablo una visión de noche: un varón macedonio estaba en pie, rogándole y diciendo: Pasa a Macedonia y ayúdanos. 10 Cuando vio la visión, en seguida procuramos partir para Macedonia, dando por cierto que Dios nos llamaba para que les anunciásemos el evangelio.

Más adelante nos damos cuenta de que los Macedonios fueron clave en ayudar a Pablo a alcanzar otras naciones.

Porque Macedonia y Acaya tuvieron a bien hacer una ofrenda para los pobres que hay entre los santos que están en Jerusalén. Romanos 15:26 RVR1960

Y cuando estaba entre vosotros y tuve necesidad, a ninguno fui carga, pues lo que me faltaba, lo suplieron los hermanos que vinieron de Macedonia, y en todo me guardé y me guardaré de seros gravoso. 2 Corintios 11:9 RVR1960

A veces la respuesta a tu deseo es «no». A veces es «ahora no».

Dios tiene un tiempo perfecto para todo. A veces Dios quiere permitirnos algo pero el tiempo no es correcto.

Recuerdo hace unos años atrás que tuve una cirugía y mi recuperación tomó mucho más tiempo de lo que había predicho el cirujano.

Un día estaba yo orando, pidiéndole a Dios que me ayudara a salir de la lenta prueba. Estaba en mi recámara, cuando el Señor habló a mi vida trayendo a mi mente un versículo por medio del cual me decía que la prueba iba a permanecer hasta que fuera perfeccionada. En otras palabras, hasta que mi paciencia creciera, y ese era el plan de Dios. Este fue el texto:

Mas tenga la paciencia su obra completa, para que seáis perfectos y cabales, sin que os falte cosa alguna. Santiago 1:4 RVR1960

Ahí está. A partir de ese día entré en una inmensa calma. Yo sabía que la prueba iba a tomar tiempo, mi paciencia estaba siendo perfeccionada (completada).

El contexto habla de la prueba. Los versículos anteriores (v. 2 y 3) dicen: «Hermanos míos, tened por sumo gozo cuando os halléis en diversas pruebas, sabiendo que la prueba de vuestra fe produce paciencia».

PARTE III ORACIONES ESPECÍFICAS

10

SALVACIÓN

Sé que algunos de mis hermanos reformados tienen problemas con el llamado a salvación y lo que tradicionalmente es conocido como la «oración del pecador». Esto es, cuando presentamos el evangelio por medio de la predicación y al final hacemos una invitación pública para quienes han creído en la buena noticia. Con estos oramos y los guiamos a Cristo.

La objeción de algunos hermanos (reformados principalmente) es por causa de la elección. Algunos creen que el llamado a salvación no es necesario pues aquellos a quienes Dios conoce desde antes, vendrán a reconciliación.

Estoy en desacuerdo con esa idea, pues cuando predicamos la buena noticia no sabemos quién es predestinado, como diría Charles Spurgeon:

> *Si Dios hubiera pintado una franja amarilla en la espalda de los elegidos andaría levantando camisas. Pero como Él no lo hizo, debo predicar «a cualquiera que quiera» y cuando «cualquiera» cree, sé que es uno de los elegidos.*[5]

Por lo tanto debemos predicar el evangelio a todos, y hacer el llamado a todos, y quien crea en Cristo, ese será salvo (Juan 3:16).

También creo que la oración para salvación establece el momento en que alguien se convierte al evangelio —nace de nuevo. Y según el texto, es cuando creemos que somos sellados con el Espíritu Santo.

En él también vosotros, habiendo oído la palabra de verdad, el evangelio de vuestra salvación, y habiendo creído en él, fuisteis sellados con el Espíritu Santo de la promesa… Efesios 1:13 RVR1960

Mi costumbre en los eventos evangelísticos, en plazas de toros, o estadios ha sido orar con el nuevo creyente de acuerdo a Romanos 10.

Mas ¿qué dice? Cerca de ti está la palabra, en tu boca y en tu corazón. Esta es la palabra de fe que predicamos: que si confesares con tu boca que Jesús es el Señor, y creyeres en tu corazón que Dios le levantó de los muertos, serás salvo. Porque con el corazón se cree para justicia, pero con la boca se confiesa para salvación. Romanos 10:8—10 RVR1960

Así les guío a confesar con sus bocas a Jesús como Señor de sus vidas una vez que han creído.

Jesús dijo:

A cualquiera, pues, que me confiese delante de los hombres, yo también le confesaré delante de mi Padre que está en los cielos. Mateo 10:32 RVR1960

11

ORACIÓN POR MILAGROS, SEÑALES Y PRODIGIOS

¿Podemos orar por milagros?

Claro que sí. De hecho, vemos ejemplos claros en los primeros seguidores de Jesús.

> *Hechos 4:24,29—31 RVR1960*
>
> *24 Y ellos, habiéndolo oído, alzaron unánimes la voz a Dios, y dijeron: Soberano Señor, tú eres el Dios que hiciste el cielo y la tierra, el mar y todo lo que en ellos hay…*
>
> *29 Y ahora, Señor, mira sus amenazas, y concede a tus siervos que con todo denuedo hablen tu palabra, 30 mientras extiendes tu mano para que se hagan sanidades y señales y prodigios mediante el nombre de tu santo Hijo Jesús. 31 Cuando hubieron orado, el lugar en que estaban congregados tembló; y todos fueron llenos del Espíritu Santo, y hablaban con denuedo la palabra de Dios.*

Ahí vemos varias cosas:

1- Comienzan la oración reconociendo la soberanía de Dios.

2- Piden primero «denuedo» para hablar la Palabra.

3- Entonces piden señales y prodigios (que respaldarían la predicación)

4- Como resultado *«hablaban con denuedo la palabra de Dios».*

Orando por los enfermos

La oración por los enfermos está presente en toda la Biblia. La vemos en los profetas antiguos, Elías, Eliseo, Isaías; la vemos en el ministerio de Jesús, y la vemos presente en la era de la iglesia primitiva. De hecho, Santiago da una recomendación y método para orar por los enfermos.

> *¿Está alguno enfermo entre vosotros? Llame a los ancianos de la iglesia, y oren por él, ungiéndole con aceite en el nombre del Señor. 15 Y la oración de fe salvará al enfermo, y el Señor lo levantará; y si hubiere cometido pecados, le serán perdonados. Santiago 5:14,15 RVR1960*

Usted puede orar por los enfermos y creer que Dios sana. Dios continúa sanando enfermos y haciendo milagros hoy en día.

> *Jesucristo es el mismo ayer, y hoy, y por los siglos. Hebreos 13:8 RVR1960*

12

ORANDO LOS UNOS POR LOS OTROS

Estar unos al tanto de las necesidades de otros es una de las maneras que compartimos compañerismo. Así mismo, orar unos por otros es no sólo bíblico, también una oportunidad para que un creyente sea usado por Dios mientras otro recibe el beneficio.

> *...orad unos por otros, para que seáis sanados. La oración eficaz del justo puede mucho. Santiago 5:16 RVR1960*

Oración congregacional

La oración que mencioné de Hechos 4:24,29—31 es también un ejemplo de oración congregacional. Esto es cuando oramos en grupo.

Esto lo vemos varias veces en la vida de la iglesia primitiva.

> *Ministrando estos al Señor, y ayunando, dijo el Espíritu Santo: Apartadme a Bernabé y a Saulo para la obra a que los he llamado. Entonces, habiendo ayunado y orado, les impusieron las manos y los despidieron. Hechos 13:2,3 RVR1960*

El nacimiento de la iglesia es en oración congregacional.

Hechos 1:12—14 RVR1960

12 Entonces volvieron a Jerusalén desde el monte que se llama del Olivar, el cual está cerca de Jerusalén, camino de un día de reposo. 13 Y entrados, subieron al aposento alto, donde moraban Pedro y Jacobo, Juan, Andrés, Felipe, Tomás, Bartolomé, Mateo, Jacobo hijo de Alfeo, Simón el Zelote y Judas hermano de Jacobo. 14 Todos estos perseveraban unánimes en oración y ruego, con las mujeres, y con María la madre de Jesús, y con sus hermanos.

Es en esta reunión de oración en el aposento alto que el Espíritu es dado a la iglesia.

Hechos 2:1–4 RVR1960

1 Cuando llegó el día de Pentecostés, estaban todos unánimes juntos. 2 Y de repente vino del cielo un estruendo como de un viento recio que soplaba, el cual llenó toda la casa donde estaban sentados; 3 y se les aparecieron lenguas repartidas, como de fuego, asentándose sobre cada uno de ellos. 4 Y fueron todos llenos del Espíritu Santo, y comenzaron a hablar en otras lenguas, según el Espíritu les daba que hablasen.

13

UNGIR CON ACEITE: BUENAS Y MALAS PRÁCTICAS

¿Es bíblico ungir con aceite?

En mi trasfondo, en mis primeros años de misiones, usábamos aceite cuando orábamos por los enfermos. Bastante.

Lo hacíamos porque leíamos historias de profetas antiguos y lo que dice Santiago. Pero después de pasar los años y tener mejor entendimiento en cuanto al nuevo pacto, muchas cosas se han aclarado.

Entonces. **¿Es bíblico ungir con aceite a personas para el ministerio?**

En el antiguo pacto que era un pacto de sombras y símbolos, la práctica era común.

Practicado en rituales y costumbres

1- Dedicación de sacerdocio Aarónico.

Y tomarás las vestiduras, y vestirás a Aarón la túnica,

*el manto del efod, el efod y el pectoral, y le ceñirás con
el cinto del efod; y pondrás la mitra sobre su cabeza,
y sobre la mitra pondrás la diadema santa. Luego
tomarás el aceite de la unción, y lo derramarás sobre
su cabeza, y le ungirás. Éxodo 29:5-7 RVR1960*

2- En la entrega de la ley.

*Y harás de ello el aceite de la santa unción; superior
ungüento, según el arte del perfumador, será el aceite
de la unción santa. Éxodo 30:25 RVR1960*

3- El ritual del sacrificio.

*Y el sacerdote tomará de la sangre de la víctima por la culpa, y la
pondrá el sacerdote sobre el lóbulo de la oreja derecha del que se
purifica, sobre el pulgar de su mano derecha y sobre el pulgar de
su pie derecho. Asimismo el sacerdote tomará del log de aceite, y
lo echará sobre la palma de su mano izquierda, y mojará su dedo
derecho en el aceite que tiene en su mano izquierda, y esparcirá
del aceite con su dedo siete veces delante de Jehová. Y de lo que
quedare del aceite que tiene en su mano, pondrá el sacerdote sobre
el lóbulo de la oreja derecha del que se purifica, sobre el pulgar de
su mano derecha y sobre el pulgar de su pie derecho, encima de la
sangre del sacrificio por la culpa. Levítico 14:14-17 RVR1960*

4- Parte del ritual del diezmo.

*Y todo Judá trajo el diezmo del grano, del vino y del
aceite, a los almacenes. Nehemías 13:12 RVR1960*

5- Una costumbre bajo la ley.

Pero tú aumentarás mis fuerzas como las del búfalo; Seré

ungido con aceite fresco. Salmos 92:10 RVR1960

6- Para ungir al nuevo rey. Samuel unge a David.

Y Samuel tomó el cuerno del aceite, y lo ungió en medio de sus hermanos; y desde aquel día en adelante el Espíritu de Jehová vino sobre David. Se levantó luego Samuel, y se volvió a Ramá. 1 Samuel 16:13 RVR1960

7- En los días de Jesús. Todavía bajo la ley.

Y echaban fuera muchos demonios, y ungían con aceite a muchos enfermos, y los sanaban. Marcos 6:13 RVR1960

Recordemos que Jesús nació de mujer bajo la ley.

Pero cuando vino el cumplimiento del tiempo, Dios envió a su Hijo, nacido de mujer y nacido bajo la ley… Gálatas 4:4 RVR1960

Todavía la ley estaba en pie pues mientras el testador vive no se puede entregar el testamento.

Porque donde hay testamento, es necesario que intervenga muerte del testador. Porque el testamento con la muerte se confirma; pues no es válido entre tanto que el testador vive. Hebreos 9:16-17 RVR1960

En la gracia

Pablo jamás ungió a alguien con aceite. Tampoco usó aceite para ungir a los enfermos.

La práctica no existía entre los gentiles.

Sólo Santiago (quien continuaba asistiendo al templo y judaizando Gal 2) en su carta escrita para judíos menciona usar aceite para orar por los enfermos.

Esta practica él la ordena solo a los ancianos.

> *¿Está alguno enfermo entre vosotros? Llame a los ancianos de la iglesia, y oren por él, ungiéndole con aceite en el nombre del Señor. Santiago 5:14 RVR1960*

Símbolos versus Realidades

El aceite era un símbolo de la unción fresca del Espíritu de Dios.

En el nuevo pacto, el Espíritu Santo mora dentro del creyente. Vivimos en «la realidad misma de las cosas», no en sombras o símbolos.

> *Lo cual es símbolo para el tiempo presente, según el cual se presentan ofrendas y sacrificios que no pueden hacer perfecto, en cuanto a la conciencia, al que practica ese culto, ya que consiste sólo de comidas y bebidas, de diversas abluciones, y ordenanzas acerca de la carne, impuestas hasta el tiempo de reformar las cosas. Pero estando ya presente Cristo, sumo sacerdote de los bienes venideros, por el más amplio y más perfecto tabernáculo, no hecho de manos, es decir, no de esta creación, y no por sangre de machos cabríos ni de becerros, sino por su propia sangre, entró una vez para siempre en el Lugar Santísimo, habiendo obtenido eterna redención. Hebreos 9:9-12 RVR1960*

En resumen.

- La práctica no existe en el Evangelio revelado a Pablo.

- Los cristianos gentiles no ungían con aceite.
- No hay un texto que lo prohíba. Eres libre de hacerlo, si eres anciano en tu iglesia pero no hace ninguna diferencia en cuanto a los resultados.

Lo que sí que no es bíblico:

- Ungir personas con aceite para el ministerio.
- Ungir objetos, bancas para que vengan gente a la iglesia.
- En el nuevo pacto no eres ungido por un profeta para el ministerio. Eres llamado por Dios y confirmado por los ancianos (como lo veremos en el próximo capítulo).

14

LA IMPOSICIÓN DE MANOS

¿Es bíblica la práctica de imponer las manos al orar por otros?

Debemos tocar el tema de la imposición de manos desde dos ángulos diferentes.

1- La imposición de manos para ordenar o enviar un ministro a la obra del ministerio.

2- Imponer las manos sobre los enfermos y necesitados cuando oramos por ellos.

Consagración y ordenación

La imposición de las manos del presbiterio

Pablo le dice a Timoteo:

> *No descuides el don que hay en ti, que te fue dado mediante profecía con la imposición de las manos del presbiterio. 1 Timoteo 4:14 RVR1960*

Hay dos palabras claves que necesitamos estudiar en este texto para entender bien a qué se refiere Pablo cuando dice: «la imposición de las manos del presbiterio».

1- Imposición

La palabra «imposición», viene del griego ἐπίθεσις (que se pronuncia: epídsesis) y viene de la raíz ἐπιτίθημι (epitídsemi) y se puede traducir: apellidar, cargar, echar, (poner) encima, herir.

La acción es como poner algo que pesa encima de otra cosa.

En este caso, poner encima de este «la carga del ministerio», y créame, el ministerio es algo que pesa.

2- Presbiterio

La otra palabra clave aquí es «presbiterio» del griego πρεσβυτέριον (que se pronuncia: presbutérion) y se puede traducir: el orden de ancianos.

Quiere decir que Timoteo recibió «la carga» del ministerio de parte de un grupo de ancianos (entre ellos Pablo), pues más adelante vemos otra referencia donde Pablo se atribuye la acción.

> *Por lo cual te aconsejo que avives el fuego del*
> *don de Dios que está en ti por la imposición de*
> *mis manos. 2 Timoteo 1:6 RVR1960*

Esto lo vemos en la misma vida del Apóstol Pablo cuando él y Bernabe fueron enviados desde Antioquía. Note que es un grupo de ministros quienes envían a Pablo y a Bernabé.

Hechos 13:1—3 RVR1960

1 Había entonces en la iglesia que estaba en Antioquía, profetas y maestros: Bernabé, Simón el que se llamaba Niger, Lucio de Cirene, Manaén el que se había criado junto con Herodes el tetrarca, y Saulo. 2 Ministrando estos al Señor, y ayunando, dijo el Espíritu Santo: Apartadme a Bernabé y a Saulo para la obra a que los he llamado. 3 Entonces, habiendo ayunado y orado, les impusieron las manos y los despidieron.

Acá en Estados Unidos, las denominaciones establecidas sostienen esta práctica con algunas variaciones. Por ejemplo, usted no va a ver profecía en las denominaciones cesacionistas[6], pero por lo regular verá que se reúne el presbiterio e imponen las manos sobre aquél que están ordenando para el ministerio. Por supuesto, para esto debe haber evidencia de que el mismo ha sido llamado por Dios, tiene buen testimonio y se ha preparado bien para el servicio del ministerio.

Esta práctica se conoce como «la ordenación».

No debe ser tomada a la ligera, y el cuerpo de ancianos o presbiterio debe ser establecido, serio y formado por ministros también de buen testimonio y evidencias de una trayectoria ministerial sólida.

Ahora. Este libro trata de la oración. Y vemos que la oración está presente cuando se imponen «las manos del presbiterio».

La imposición de manos para orar por necesidades

En la vida de Jesús vemos la práctica de imponer las manos al orar por los enfermos. También lo vemos en el ministerio de los Apóstoles.

Veamos algunos textos.

Entonces le fueron presentados unos niños, para que pusiese las manos sobre ellos, y orase; y los discípulos les reprendieron. Mateo 19:13 RVR1960

Y no pudo hacer allí ningún milagro, salvo que sanó a unos pocos enfermos, poniendo sobre ellos las manos. Marcos 6:5 RVR1960

Entonces, tomando la mano del ciego, le sacó fuera de la aldea; y escupiendo en sus ojos, le puso las manos encima, y le preguntó si veía algo. Marcos 8:23 RVR1960

Al ponerse el sol, todos los que tenían enfermos de diversas enfermedades los traían a él; y él, poniendo las manos sobre cada uno de ellos, los sanaba. Lucas 4:40 RVR1960

Y puso las manos sobre ella; y ella se enderezó luego, y glorificaba a Dios. Lucas 13:13 RVR1960

...y ha visto en visión a un varón llamado Ananías, que entra y le pone las manos encima para que recobre la vista. Hechos 9:12 RVR1960

Fue entonces Ananías y entró en la casa, y poniendo sobre él las manos, dijo: Hermano Saulo, el Señor Jesús, que se te apareció en el camino por donde venías, me ha enviado para que recibas la vista y seas lleno del Espíritu Santo. Hechos 9:17 RVR1960

Y habiéndoles impuesto Pablo las manos, vino sobre ellos el Espíritu Santo; y hablaban en lenguas, y profetizaban. Hechos 19:6 RVR1960

Y aconteció que el padre de Publio estaba en cama, enfermo de fiebre y de disentería; y entró Pablo a verle, y después de haber orado, le impuso las manos, y le sanó. Hechos 28:8 RVR1960

No con ligereza

En Latinoamérica hemos visto que es común ver a las personas imponiendo manos sobre otros —especialmente dentro de iglesias pentecostales y carismáticas.

Muchos toman el texto de Marcos 16 como un mandato que todos los creyentes deben llevar a cabo.

El texto dice:

Y estas señales seguirán a los que creen: En mi nombre echarán fuera demonios; hablarán nuevas lenguas; tomarán en las manos serpientes, y si bebieren cosa mortífera, no les hará daño; sobre los enfermos pondrán sus manos, y sanarán. Marcos 16:17,18 RVR1960

Algunos toman muy enserio el texto. Recuerdo años atrás en estados del sur en Estados Unidos en algunas iglesias las personas traían literalmente serpientes para probar cuán ungidos estaban pues al tomar en las manos serpientes, estas no les mordían. De hecho, algunos llegaban a usar esto como una prueba para saber quienes verdaderamente estaban santificados y quienes no.

La mala noticia para todos los que siguen este texto como un mandato para imponer manos, es que esta porción de la escritura no se encuentra en los manuscritos más antiguos. Es posible que algún monje escribió un comentario al margen de alguna copia y posteriormente otros lo copiaron incluyéndolo en el texto.

De esto hablo en el estudio titulado Los Textos Omitidos.[7]

Entonces, ¿es bíblico imponer las manos?

Siguiendo el resto de la escritura y el ejemplo de la iglesia primitiva, sí, pero es algo que no se debe tomar a la ligera.

Pablo le dice a Timoteo: «*No impongas con ligereza las manos a ninguno*». Esto nos indica la seriedad de esta práctica.

> *No impongas con ligereza las manos a ninguno, ni participes en pecados ajenos. Consérvate puro. 1 Timoteo 5:22 RVR1960*

Ciertamente que, si se va a practicar, vaya acompañado de la oración, tomando el ejemplo de Pablo cuando oró por el padre de Publio: «*después de haber orado, le impuso las manos, y le sanó. Hechos 28:8 RVR1960*»

15

ORAR SIN CESAR

La constancia de la oración en la vida del creyente es necesaria para el crecimiento espiritual, al igual que el crecimiento de la comunión con Dios. Estoy hablando de la práctica individual y en grupo cuando oramos congregacionalmente.

La oración debe ser constante.

Orad sin cesar. 1 Tesalonicenses 5:17 RVR1960

Y esto lo vemos en el ministerio de Pablo lo cual es un ejemplo.

Por lo cual también nosotros sin cesar damos gracias a Dios... 1 Tesalonicenses 2:13 RVR1960

Porque testigo me es Dios, a quien sirvo en mi espíritu en el evangelio de su Hijo, de que sin cesar hago mención de vosotros siempre en mis oraciones... Romanos 1:9 RVR1960

La iglesia oraba sin cesar cuando se enfrentaba a algún reto. Lo vemos cuando Pedro estaba en la cárcel.

Así que Pedro estaba custodiado en la cárcel; pero la iglesia hacía sin cesar oración a Dios por él. Hechos 12:5 RVR1960

¿Cómo es posible orar sin cesar?

Usted dirá, —pero, tengo que trabajar y hacer otras cosas, ¿cómo puedo orar sin cesar?

Usted aparta tiempo para la oración, para estar en solitud y meditar en los textos que ha leído. Eso es un tiempo dedicado a la oración y es una disciplina, como hemos mencionado anteriormente en este libro.

Sin embargo, podemos estar en comunión con Dios todo el tiempo. A veces cuando estoy conduciendo mi auto, voy orando en voz baja o interiormente.

Cuando salgo a caminar, estoy orando.

O a veces, simplemente porque me viene la necesidad de alguien a la mente y en voz baja o en voz interior, le pido a Dios por esa persona.

Podemos tener esa mentalidad de oración. Dios está ahí todo el tiempo y nos escucha, sean oraciones largas o cortas. Dios nos oye.

Clama a mí, y yo te responderé, y te enseñaré cosas grandes y ocultas que tú no conoces. Jeremías 33:3 RVR1960

Notas

1- Libro. Eclesiología: La doctrina de la Iglesia (Paperback) ISBN 978-1947193420 https://japerez.com/eclesiologia (Capturado Febrero 17, 2023).

2- Indulgencia. La Doctrina de las Indulgencias es un concepto de la teología católica estrechamente ligado a los conceptos de pecado, penitencia, remisión y purgatorio. https://es.wikipedia.org/wiki/Indulgencia (Capturado Febrero 17, 2023).

Varias doctrinas de la Iglesia Católica Romana son derivadas de la tradición más que de la Escritura. Y como la Iglesia Católica Romana ve sus tradiciones tan consistentes como la Escritura y de igual autoridad que la Escritura, esto no es un argumento para ellos. Pero para la mayor parte de los grupos cristianos, solamente la Biblia es la fuente de autoridad y es más que suficiente para proveer a los cristianos con todos los recursos que necesiten para conocer y servir a Cristo como fue el propósito de Dios (2 Timoteo 3:15-17; Hechos 20:32) https://www.gotquestions.org/Espanol/indulgencias-plenarias.html (Capturado Febrero 17, 2023).

3- Keller on Quiet Times, Mysticism, and the Priceless Payoff of Prayer. October 21, 2014

https://www.thegospelcoalition.org/article/tim-keller-on-prayer/ (Capturado Febrero 13, 2020).

4- Evangelio de la prosperidad

5- Charles Spurgeon. Frase original. «If God would have painted a yellow stripe on the backs of the elect I would go around lifting shirts. But since He didn't I must preach "whosoever will" and when "whatsoever" believes I know that he is one of the elect.» https://gracequotes.org/quote/if-god-would-have-painted-a-yellow-stripe-on-the-backs-of-the-elect-i-would-go-around-

lifting-shirts-but-since-he-didnt-i-must-preach-whosoever-will-and-whenwhats/ (Capturado Febrero 16, 2020).

6- Cesacionistas. El cesacionismo. Robert Rothwell 30 Marzo, 2021 https:// es.ligonier.org/articulos/el-cesacionismo/ (Capturado Febrero 15, 2023) .

7- Los Textos Omitidos. Guía de Estudio con video (gratis). https://juntos. japerez.com/textos-omitidos (Capturado Febrero 15, 2023).

RECURSOS

Teología Sistemática para Latinoamérica

Libro principal

Todos los libros manuales de esta serie provienen del libro: *Teología Sistemática para Latinoamérica.*

Este contiene todo el texto y es un valioso libro de referencias y consultas que todo estudiante serio de teología debe tener en su biblioteca.

780 páginas

Publicado por:
Tishita Publishing House.

Para información sobre tiendas donde puede obtenerlo puede ir a:

https://japerez.com/teologia

Libros en la serie:

Bibliología: La doctrina de la Palabra de Dios

Paterología: La doctrina de Dios Padre

Cristología: La doctrina de Cristo

Pneumatología: La doctrina del Espíritu Santo

Antropología: La doctrina del Hombre

Hamartiología: La doctrina del Pecado

Soteriología: La doctrina de la Redención

Eclesiología: La doctrina de la Iglesia

Origen: La doctrina de la Creación

Angelología: La doctrina de los Ángeles

Escatología: La doctrina del futuro

Cursos de teología

Teología al alcance de todos

La Teología (el estudio de Dios) debe ser estudiada no solo por el ministro ordenado o el aspirante al ministerio cristiano, sino por todo creyente.

Todos debemos conocer mejor a Dios, por lo tanto, hemos puesto estos cursos de teología sistemática al alcance de todos.

¿Cómo funciona?

Cada curso presenta lecciones en video y texto, el manual de curso, ejercicios y un examen final. Una vez completado, el estudiante recibe el Certificado de Completación de ese curso.

Todo dentro de una comunidad, donde usted puede hacer preguntas, compartir ideas y relacionarse con otros estudiantes.

Los cursos son autenticados por la *Facultad de Teología Latinoamericana™* y en conjunto forman el programa de maestría de esta.

Más información en:
https://facultad.org

OTROS LIBROS POR JA PÉREZ

MINISTERIO | LIDERAZGO

Desarrollo de líderes

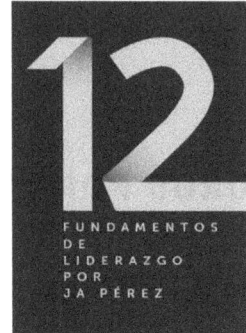

Evangelismo, discipulado y misiones

Desarrollo de proyectos

Inspiración y creatividad

Crecimiento de la iglesia

Profecía bíblica

Ficción

Finanzas personales

VIDA ABUNDANTE

Crecimiento espiritual | Teología | Principios de vida | Relaciones

Serie *Venciendo la ansiedad*

En esta serie comparto mis luchas, retos y estragos. También las verdades que me han llevado de la ansiedad a una vida de paz y contentamiento.

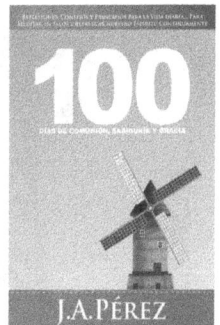
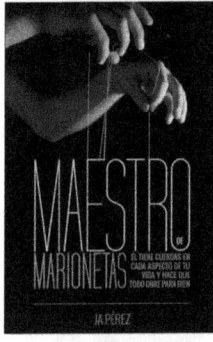

CLÁSICOS

ENGLISH

Dr. JA Pérez es escritor, misionero y precursor de movimientos de cosecha en América Latina.

Sus concentraciones masivas han atraido grandes multitudes durante años.

Con una trayectoria ministerial de más de cuatro décadas y varios libros publicados, sus esfuerzos hoy alcanzan a millones de vidas en todo el continente.

Su trabajo ha recibido menciones en cadenas internacionales como *CBN*, el *Club 700* y decenas de televisoras y periódicos en Centro y Sur América. En el año 2019 le fue otorgado el premio *John Wesley* (John Wesley Award) de la *Asociación Luis Palau* por su labor y liderazgo en el evangelismo mundial.

Es fundador de la *Escuela de Liderazgo Internacional™* y la *Facultad de Teología Latinoamericana™*, y ha equipado a miles de líderes y ministros para la obra del ministerio.

Él, su esposa y sus tres hijos viven en un suburbio de San Diego en California.

Blog personal y redes sociales
japerez.com
youtube.com/DrJAPerez
facebook.com/DrJAPerez